RAPPORT

SUR

L'AMBULANCE INTERNATIONALE DE LA DUCHERAIS

ET SUR

L'HOPITAL DE SAVENAY

PAR LE DOCTEUR OHEIX

MÉDECIN DE CES DEUX ÉTABLISSEMENTS.

Ayant été appelé à traiter plus de sept cents soldats malades ou blessés, durant la dernière guerre, je viens, dans un exposé sommaire, rendre compte des services qui m'ont été confiés.

On sait que la guerre de 1870-71 a été une des plus meurtrières que nous ayons subies.

D'un côté, les armes perfectionnées et les nouveaux engins de destruction, imaginés depuis quelques années, ont occasionné des blessures d'une nature et d'une gravité exceptionelles ; de l'autre, les levées en masse, le passage subit de la vie de famille au régime des camps, les privations, les marches forcées, les fatigues de tout genre, et, par dessus tout cela, les rigueurs d'un hiver tel qu'on n'en avait point vu depuis longtemps, ont produit toutes les affections morbides qu'engendrent la misère et l'encombrement.

Il en est résulté un si grand nombre de malades, que les ambulances et les établissements hospitaliers des contrées occupées par notre armée se sont trouvés insuffisants pour les contenir, et qu'il a fallu les évacuer sur d'autres points.

Le département de la Loire-Inférieure est un de ceux qui en ont reçu le plus grand nombre, puisque les soldats malades qu'on y a dirigés dépassent le chiffre de vingt-trois mille.

Il est évident que le service de l'Intendance, malgré son activité et les ressources de son organisation, n'aurait pu parvenir à donner ses soins à tous ces malades, si la société de secours aux blessés ne lui avait prêté son généreux concours.

Fondée à Paris, dès le début de la guerre, sous le patronage de M. le Comte de Flavigny, assisté de M. le Comte de Beaufort, de M.

le Comte Sérurier, de MM. les docteurs Nélaton, Chenu, etc., cette philantropique et patriotique association établit des comités partout où il y avait des souffrances à soulager.

Nantes eut le sien, a la tête duquel fut placé l'honorable M. E. Larrey. Ce comité, en fondant de nombreuses ambulances au chef-lieu et sur plusieurs points du département, devint un utile auxiliaire pour l'Intendance militaire. C'est grâce à leurs efforts combinés que des difficultés, qui paraissaient insurmontables, furent vaincues et que nos 23,000 malades purent recevoir tous les soins dont ils avaient besoin.

Chargé de la direction de l'Ambulance Internationale de la Ducherais, en même temps que du service de l'hôpital de Savenay, qui relevait directement de l'administration de la guerre, il me reste à faire connaître la part qui revient à chacun de ces établissements hospitaliers, dans la distribution des secours donnés à nos malheureux et intéressants soldats.

I.

AMBULANCE INTERNATIONALE DE LA DUCHERAIS.

Cette ambulance, établie dans un ancien collége ecclésiastique situé en la commune de Camphon, fut placée sous la direction intelligente de Monsieur le chanoine Gahier, l'un de nos prêtres les plus dévoués.

Ouverte en octobre 1870 et fermée le 13 avril 1871, elle a par conséquent fonctionné pendant plus de six mois.

Cette ambulance contenait cent cinquante lits.

Les soldats qu'on y recevait étaient atteints de dyssenterie épidémique, de bronchite avec ou sans pneumonie, de variole, d'angine, de fièvre typhoïde, de fièvre intermittente, de rhumathisme articulaire, de fièvre éruptive. — Les blessés y étaient relativement peu nombreux. Au reste, en jetant les yeux sur le tableau placé à la fin de cet exposé, on pourra se faire une juste idée des différentes affections morbides traitées dans cet établissement.

Aujourd'hui que tous les registres concernant notre ambulance ont été envoyés au Comité central, il me serait impossible de donner le chiffre exact des militaires qu'on y a admis ; toutefois, si l'on considère que les journées de traitement s'élèvent à 9 ou 10,000, on restera convaincu que le chiffre des malades peut, sans crainte d'erreur grave, être porté au moins à cinq cents.

Nous avons perdu douze soldats. Trois sœurs et un frère infirmier ont succombé à côté d'eux et en leur donnant des soins, ce qui porte à *seize* le nombre total des décès à l'Ambulance.

Nommé médecin en chef de cette ambulance, on devait m'adjoindre deux docteurs ; mais les exigences de la guerre ayant appelé tous les jeunes médecins à l'armée, on les remplaça par deux étudiants en médecine, en sorte que j'étais obligé de me transporter à l'ambulance toutes les fois qu'il y avait des cas graves, à peu près neuf jours sur dix.

La Ducherais se trouvant à 10 kilomètres de mon domicile, on comprend que ces voyages, surtout en hiver, me prenaient une grande partie de la journée ; temps bien précieux pour moi : car, outre le service de cette ambulance, j'avais à m'occuper, comme on va le voir, d'un autre service important.

II.

HOPITAL DE SAVENAY.

L'hôpital de Savenay, dont je suis le médecin et le chirurgien depuis 1848, fut transformé en hôpital militaire, dans le courant d'octobre 1870.

Les premiers malades que nous reçûmes, provenant d'un bataillon de mobiles en formation à Savenay, venaient de quitter leurs familles et n'avaient encore subi ni les pénibles épreuves d'une campagne d'hiver. ni l'influence délétère des casernements des camps ; aussi les maladies qu'ils présentaient étaient-elles en tout semblables à celles qui régnaient dans la population civile. C'étaient principalement des bronchites, des diarrhées et des fièvres intermittentes. Peu de jours après, le cadre nosologique s'était élargi et profondément modifié. Les maladies observées à l'hôpital n'étaient plus que la reproduction fidèle de celles traitées à l'ambulance de la Ducherais.

Dès le mois de novembre, les cinquante lits de l'hospice ne suffisaient déjà plus à recueillir les malades qui nous arrivaient de tous côtés. Nous en recevions de l'Intendance de Nantes ; le dépôt du 3e régiment de Dragons, en garnison dans notre ville, nous en envoyait pour ainsi dire chaque jour ; enfin, les trois lignes ferrées qui se réunissent à Savenay nous déposaient les hommes trop fatigués pour continuer leur route.

Bientôt nos salles furent tellement encombrées qu'il fallut chercher des lits ailleurs. Pressé par la nécessité, je pris alors sur moi de placer un certain nombre de malades dans les maisons particulières et d'instituer ce que j'appellerai de petites ambulances de famille. Il y en eut chez MM. Blanc, Julien, Delfault et chez Madame veuve E. Jan. Toutes ont rendu des services à nos soldats ; mais celle établie chez Madame veuve E. Jan mérite une mention spéciale.

Cette ambulance, ouverte en décembre 1870, a fonctionné assez longtemps, puisque le dernier militaire que j'ai perdu y est mort le 4 mai 1871 — Chemier, dragon — ; pendant ce temps j'ai traité chez

Madame Jan des soldats affectés de dyssenterie, de variole, de rhumatisme articulaire et de phthisie.

C'est le 17 octobre 1870 que le premier soldat malade est entré à l'hôpital; c'est le 1er juillet 1871 que le dernier en est sorti; mais c'est dans les deux derniers mois de 1870 et les deux premiers de 1871 que les malades ont été les plus nombreux.

Chargé du service médico-chirurgical de l'hôpital de Savenay, j'y ai seul traité tous les malades et pratiqué toutes les opérations.

— Des sœurs de la communauté de Saint-Gildas, qui ont fait preuve du plus grand zèle, m'aidaient à faire les pansements.

Obligé de visiter de 100 à 150 malades à l'ambulance de la Ducherais, ce qui nécessitait chaque jour un voyage de cinq lieues — aller et retour; — de traiter, d'opérer et de panser plus de cinquante militaires réunis à l'hôpital de Savenay; d'en soigner un certain nombre d'autres dispersés dans plusieurs maisons particulières, il m'eût été impossible de m'occuper de ma clientèle civile; j'y renonçai complètement. Même en me consacrant exclusivement aux malades de l'armée, je ne pouvais penser à recueillir les observations de 700 malades ou blessés; je me suis donc borné à prendre des notes sommaires sur 150 soldats traités à l'hôpital à Savenay, persuadé d'ailleurs que ces notes, que je présente aujourd'hui sous la forme d'une simple statistique, suffiront pour faire connaître la nature, la gravité et la fréquence des diverses maladies observées dans les deux établissements hospitaliers dont la direction m'a été confiée.

NOMS	MALADIES.	JOURS D'HOPITAL.	
1 Grenetier	Broncho-pneumonie	42	
2 Davignon	Bronchite	11	
3 Garreau	Rhumatisme articulaire chronique	56	
4 Gaignard	Meningite aigüe	34	
5 Ménagé	Fièvre intermittente	18	
6 Gabory	Bronchite	9	
7 Arouet	id.	8	
8 Tessier	Diarrhée	7	
9 Vincet	Blessure légère	3	
10 Arnault	id.	3	
11 Alfe	Bronchite et Diarrhée	8	
12 Brisson	Angine gangréneuse	17	Mort d'une angine contractée dans son service d'infirmier.
13 Ardoin	Laryngite-grave	29	
14 Gergaud	Rhumatisme articulaire	55	
15 Liston	Dyssenterie	84	
16 Bouvier	id.	87	

NOMS	MALADIES.	JOURS D'HOPITAL.	
17 Guillermoux	Diarrhée	9	
18 Serève	Cachexie-paludéenne	60	
19 Michaud	Dyssenterie	39	
20 Girondeau	id.	10	
21 Alizer	id.	34	
22 Richer	id.	28	
23 Richer	Angine	31	
24 Hurel	Dyssenterie	61	
25 Roulot	id.	35	
26 Cadebosse	id.	35	
27 Joffre	id.	55	
28 Calmant	id.	25	
29 Mérillac	Fièvre intermittente	35	
30 Cheneau	Fièvre intermittente	10	
31 Saché	Dyssenterie	35	
32 Mercier	Typhus	28	Mort
33 Lobret	Dyssenterie	13	
34 Cagnard	Bronchite, variole	28	
35 Magounier	Variole	52	
36 Monier	Dyssenterie	46	
37 Noyais	id.	56	
38 Boutin	id.	56	
39 Bocage	id.	44	
40 Richevillain	Fièvre Typhoïde	31	
41 Nicol	Dyssenterie	12	
42 Aubert	Rhumatisme articulaire	13	
43 Gateau	Rhumatisme, variole	57	
44 Lejeune	Dyssenterie	34	
45 Turpin	id variole	60	
46 David	Dyssenterie	11	
47 Moutin	id.	14	
48 Gentois	id. variole	32	
49 Zambais	Bronchite	10	
50 Leclerc	id.	15	
51 Bleton	id.	15	
52 Guilleux	id. variole	15	
53 Gourgnest	Variole	24	
54 Platay	id.	9	
55 Grosjean	Bronchite	10	
56 Clem	id.	9	
57 Joanny	id.	30	
58 Champert	Variole	29	
59 Michel	Pleurésie	92	

NOMS	MALADIES.	JOURS D'HOPITAL.	
60 Bidy	Rhumatisme articulaire et variole	69	
61 Aiguiller	Péricardite	68	
62 Bott	Bronchite	40	
63 Lamour	Scarlatine	7	
64 Lamour	Œdème	11	
65 Larivaise	Fièvre Typhoïde	26	
66 Gilas	Phthisie	69	
67 Barné	Fièvre intermittente	18	
68 Pain	Bronchite	27	
69 Callet	Squirre	49	
70 Luçon	Variole	14	
71 Boismet	id.	25	
72 Larivière	id.	20	
73 Latac	Dyssenterie	14	
74 Médomé	Fièvre intermittente	19	
75 Dounel	id.	11	
76 Madrange	Fatigue	10	
77 Rostingue	Fièvre intermittente	17	
78 Chizelle	id.	6	
79 Latour	Bronchite	18	
80 Papillon	Fièvre typhoïde	34	
81 Chemier	Phthisie	119	Mort
82 Devaux	Fièvre typhoïde	114	
83 Beaulieu	Pneumonie, variole	80	
84 Contrepoids	Variole	75	
85 Thiébaud	id.	33	
86 Puzenec	Fièvre intermittente	13	
87 Lamour	Œdème	18	
88 Levrier	Fracture du crâne	23	
89 Bertel	Scarlatine	28	
90 Génaud	Variole	16	
91 Bleton	Fièvre intermittente	17	
92 Guillemin	id.	30	
93 Armangin	Fièvre typhoïde	42	
94 Gueumol	id.	46	
95 Penhoat	Variole	1	Mort 24 h. après son entrée.
96 Bedon	Gangrène des extrémités inférieures.	4	Mort
97 Marquet	Fièvre typhoïde	24	
98 Français			Mort en arrivant à l'hôpital.
99 Guillaudeau	Fièvre typhoïde	24	
100 Guillemin	id.	33	
101 Lejean	Bronchite	24	

NOMS	MALADIES.	JOURS D'HOPITAL.	
102 Martin	Fièvre typhoïde	61	
103 Pennenet	id.	42	
104 Lemaire	Rhumatisme	15	
105 Bleton	Bronchite	17	
106 Nique	Fracture du crâne	3	Mort
107 Geay	Fièvre intermittente	12	
108 Ducouloubin	Angine pseudomem- braneuse	30	
109 Régnier	Variole	13	
110 Marcoux	Phthisie	38	Mort
111 Demolaise	Fièvre typhoïde	70	
112 Camus	Variole	86	
113 Buis	Fièvre typhoïde	32	
114 Peuple	Fièvre intermittente	15	
115 Lorillon	Pneumonie	32	
116 Neveu	Variole	14	
117 Jaquinet	Pneumonie	34	
118 Levrier	Variole	23	
119 Lebatard	Pneumonie	18	
120 Liger.	Entorse	36	
121 Wogt	Fièvre intermittente	21	
122 Bonnard	Fièvre typhoïde	36	
123 Milière	Meningite	19	
124 Poncel	Fièvre intermittente	18	
125 Mathieu			Mort 1 h. après son entrée; n'a pas été visité.
126 Peuliat	Fièvre continue	11	
127 Redoux	Phlegmon	16	
128 Sénohan	Fièvre intermittente	17	
129 Moutin	Diarrhée	13	
130 Mazalon	Fièvre typhoïde	27	
131 Bonnel	Scarlatine	11	
132 Balzard	Fièvre intermittente	8	
133 Besson	Scarlatine	9	
134 Weil	Gale	19	
135 Bouissac	Bronchite	5	
136 Ducoulombié	Rhumatisme	4	
137 Bleton	Bronchite	14	
138 Jaquinet	id.	15	
139 Poncel	Fièvre typhoïde	16	Mort
140 Lamour	Diarrhée	24	
141 Garcin	Fièvre intermittente	18	
142 Debordu	Bronchite	19	
143 Giraud	Fièvre intermittente	18	
144 Lancrie	id.	16	

NOMS	MALADIES	JOURS D'HOPITAL.
145 Chambournié	Bronchite	15
146 Solvayre	Pleurésie	16
147 Aubriot	Fracture de côtes	16
148 Train	Bronchite	14
149 Poulain	Phlegmon	13
150 Ouisse	Variole	19
151 Martinet	Péritonite	44

Si l'on réunit à ces 151 malades ceux qui n'ont fait que passer à l'hôpital et dont les noms n'ont même pas été inscrits, on arrive à un total de 200, dont l'ensemble du traitement représente 4480 jours, c'est-à-dire un peu moins de 22 jours par homme.

J'ai compté onze morts ; mais en défalquant les deux que je n'ai pas vus et qui ont succombé à leur entrée à l'hôpital, il n'en reste plus que 9.

En résumé j'ai traité tant à l'ambulance de la Ducherais qu'à l'hôpital de Savenay, 700 militaires malades ou blessés et perdu 23 morts soit 1 sur 30.

On remarquera combien sont nombreuses les maladies graves qui figurent dans ce tableau ; c'est que, comme je l'ai dit, l'hôpital de Savenay, par suite de sa position au point de jonction de trois chemins de fer, recevait tous les hommes trop fatigués pour se rendre aux corps ou aux ambulances sur lesquels ils étaient dirigés. J'ajouterai que l'infirmerie affectée aux malades de la garnison nous envoyait tous ceux dont l'état annonçait une mort prochaine ; plusieurs, notamment, ont succombé en arrivant, avant que j'aie pu les voir. Ils ne peuvent donc être considérés comme ayant été traités à l'hospice.

Sous le bénéfice de ces observations, on trouve :

Hôpital : Malades,		200
—	Morts	11
—	Moyenne de la durée du traitement	22

RÉSUMÉ GÉNÉRAL :

Nombre des malades traités à l'ambulance de la Ducherais et à l'Hôpital de Savenay	700
Morts	23
Moyenne du traitement	20 1/4
Proportion des décès.	1/30

III.

Outre M. l'abbé Gahier, qui remplissait, avec une charité sans bornes et un zèle intelligent, les fonctions de Directeur, le personnel de l'Ambulance de la Ducherais comprenait M. Dabin, vicaire de Campbon, MM. Anthelme et Lamy, internes, M. Fradet, pharmacien, sept élèves du Grand-Séminaire de Nantes, un frère et plusieurs sœurs de la communauté de Saint-Gildas.

A l'Hospice de Savenay, je n'avais, pour soigner les malades, pour m'aider à pratiquer les opérations et à opérer les pansements, que des sœurs de Saint-Gildas. Presque toutes ces filles dévouées ont été dangereusement malades par suite d'affections contractées dans leur service : trois ont succombé. J'ai perdu également deux infirmiers, le frère Gabriel et le mobile Brisson.

Je dois des éloges à tous ceux qui m'ont secondé ; je dois un témoignage de sympathie et de regret à mes deux infirmiers, et surtout à ces nobles et vaillantes femmes, que j'ai vu mourir avec tant de courage et de simplicité, victimes de leur dévouement.

Dr OHEIX,

Membre du Conseil Général de la Loire-Inférieure,

Médecin de l'hôpital de Savenay, des Douanes, des Épidémies et du Chemin de Fer ; Ex-président du Conseil de Salubrité, Ex-Médecin des Prisons, des Indigents, etc. ;
Ancien Interne, Prosecteur d'Anatomie, Chef de Clinique, Lauréat de l'École de Médecine de Nantes.

Avril 1872

Savenay. — Imp. J. ALLAIR.

www.ingramcontent.com/pod-product-compliance
Lightning Source LLC
LaVergne TN
LVHW050243060726